L'IRLANDE

QU'ON NE VOIT PAS

LES FENIANS & LE FENIANISME

AUX ÉTATS-UNIS

PAR

J. LEMOINE

(Extrait de la *Revue Internationale de Sociologie*
Mars-Avril 1893.)

PARIS
A. GIARD & E. BRIÈRE
LIBRAIRES-ÉDITEURS
16, Rue Soufflot, 16

1893

L'IRLANDE

QU'ON NE VOIT PAS

L'IRLANDE

QU'ON NE VOIT PAS

LES FENIANS & LE FENIANISME

AUX ÉTATS-UNIS

PAR

J. LEMOINE

(Extrait de la *Revue Internationale de Sociologie*
Mars-Avril 1893.)

PARIS
A. GIARD & E. BRIÈRE
LIBRAIRES-ÉDITEURS
16, Rue Soufflot, 16

1893

I. — LES FÉNIANS ET LE FÉNIANISME AUX ÉTATS-UNIS D'APRÈS UN
OUVRAGE RÉCENT (1).

A considérer les événements qui se sont succédé depuis quelques
années en Irlande, on dirait qu'un génie malfaisant se plaît à con-
trarier tous les projets destinés à modifier l'état de choses existant
dans l'île-sœur. L'assassinat de lord Cavendish et Thomas Burke,
à Phœnix-Park, en 1882, plus récemment les tentatives contre le
pont de Londres et le palais de Westminster, sont venus indisposer
l'opinion, alors que la cause irlandaise avait le plus besoin de se
concilier toutes les sympathies. Enfin, tout dernièrement, le lende-
main même du jour où M. John Morley avait signé l'élargissement
de quatre détenus compromis dans les derniers troubles, l'explosion
de dynamite, du 24 décembre 1892, dirigée contre le château de
Dublin, fournissait à la presse unioniste une nouvelle raison de pré-
tendre qu'il était des Irlandais qu'aucun *home rule* ne désarmerait
jamais. Toutefois, le nouveau ministère ne s'est pas laissé arrêter
par ces sombres pronostics, et en même temps qu'en repoussant une
proposition générale d'amnistie, il annonçait son intention de traiter
désormais les révolutionnaires irlandais comme des criminels de
droit commun, il déposait à la Chambre des communes le bill du
home rule et demandait pour lui la priorité sur tous les autres projets à discuter dans le courant de cette session. Il n'est peut-être pas
sans intérêt, au moment où M. Gladstone rêve de jeter les bases
d'une entente durable entre l'Irlande et l'Angleterre, de rechercher
quels obstacles cette entente peut rencontrer chez les Irlandais eux-
mêmes et d'essayer de déterminer, par un rapide coup-d'œil jeté sur
leur passé, quel rôle peuvent jouer dans l'avenir les patriotes, qui,
sous la dénomination générique de Fénians, se sont proposé de poursuivre par tous les moyens en leur pouvoir l'indépendance absolue
de l'Irlande. Outre les nombreuses publications nées des besoins de
la polémique ou des intérêts de parti, les procès auxquels les a
conduit plus d'une fois la mise en pratique de la propagande par le
fait, ont déjà jeté quelque lumière sur leurs desseins et leurs moyens

---

(1) Major Henri Le Caron. Twenty five years in the secret service. The
Recollections of a Spy. Londres, in-8°, 1892.

d'action. Une nouvelle contribution, d'importance incontestée, vient d'être apportée à leur histoire. Un espion politique, dont les mémoires ont produit une profonde sensation et soulevé de vives discussions des deux côtés de l'Atlantique, le major Henri Le Caron, a vécu pendant plus de vingt ans au sein même du parti ; il a été en rapports fréquents avec ses principaux chefs ; les postes qu'il a occupés lui ont mis en main d'importants documents ; enfin, dans un procès récent, la véracité de ses dépositions, mises en opposition avec celles de M. Parnell a été solennellement reconnue. On ne sera donc pas surpris si, pour éclaircir certains faits naturellement obscurs, nous sommes plus d'une fois amenés à nous servir, tout en le contrôlant avec soin, d'un témoignage qui, en dépit de son origine ou plutôt, à cause même de son origine, constitue, aux yeux du *Times* « une clef d'une valeur inappréciable pour la sombre histoire de la grande conspiration qui, durant ces dernières années, a été le réel pivot de la politique intérieure de l'Angleterre. » (1).

Le fait même que l'Irlande a été malheureuse pendant des siècles et, tantôt à tort, tantôt avec raison, a fait peser sur ses vainqueurs la responsabilité de ses maux, sans pouvoir recourir à des voies légales de protestation, explique comment de tout temps pour ainsi dire on rencontre dans ce pays des associations plus ou moins secrètes dirigées contre l'Anglais. Les *Defenders* et les *Ribbon men* ont laissé dans l'imagination populaire plus d'un souvenir de vengeance atroce (2). Toutefois, ce n'est que dans la seconde moitié de ce siècle que le mouvement révolutionnaire irlandais devait prendre une extension prépondérante. L'influence d'O'Connell avait réussi pour un temps à maintenir l'opposition dans les limites de l'action constitutionnelle. Mais le grand leader irlandais se trouva lui-même débordé.

La *Jeune Irlande*, fondée en 1846 par des hommes jeunes, ardents mais inexpérimentés, comme Smith O'Brien et Robert Michell, succombait deux ans plus tard sous le coup d'une répression sévère. Ce sont des vengeurs de la jeune Irlande, James Stephens et O'Mahoney, qui furent les initiateurs du Fénianisme.

Toutefois ce n'est pas en Irlande, mais en Amérique, que le Fénianisme devait de bonne heure prendre des développements considé-

---

(1) *The Times*, 19 octobre 1892.
(2) W. K. Sullivan, New Ireland.

rables. C'est aux États-Unis que se sont formés les groupes les plus nombreux, c'est là qu'ont été conçus les plus audacieux projets, c'est de là, quand des tentatives ont été faites en Irlande ou en Angleterre, que sont partis le mot d'ordre et les ressources nécessaires. C'est donc là qu'il importe essentiellement de les étudier. Une vigoureuse surveillance de la police anglaise, des rivalités personnelles inévitables expliquent suffisamment que tout mouvement en Irlande même fut d'avance condamné à l'insuccès. Ce qui est peut-être moins évident et ce que nous devons montrer tout d'abord, c'est par suite de quelles circonstances, dans un pays qui jusqu'à ces dernières années a eu comme premier principe l'hospitalité la plus large et où les débouchés offerts aux nouveaux arrivants étaient alors nombreux, les plus pauvres peut-être de tous les immigrants et ceux pour qui le nouveau monde avait été le plus bienfaisant, aient été les seuls qui aient gardé de la patrie d'origine un souvenir assez vivace pour concevoir l'idée d'y retourner un jour, même au prix des plus grands sacrifices.

La terrible famine de 1846, les évictions systématiques qui la suivirent, avaient donné le signal de cette émigration en masse qui en trente ans, de 1851 à 1881, devait enlever à l'Irlande plus de deux millions et demi de ses enfants. Or le plus grand nombre se porta aux Etats-Unis. « Vainement pour les attirer dans les colonies anglaises, leur offrait-on un passage gratuit, des concessions de terre et des avances en argent. Ils préféraient avec leur dernier penny, acheter leur passage vers une terre libre » (1). Forcés par la misère ou la violence de quitter leur pays, ils en gardèrent un souvenir d'autant plus cher qu'il était plus malheureux.

« Pauvres gens simples, animés du patriotisme le plus pur, mais le plus décevant, et toujours disposés à donner tout le peu qu'ils ont, dans l'espoir qu'ils verront un jour sur la terre d'Irlande couler des ruisseaux de lait et de miel » (2).

Une population crédule, généreuse jusqu'à l'excès chaque fois qu'on fait vibrer à ses oreilles la corde patriotique, tel a été le premier élément, le plus efficace et le plus constant du fénianisme. Mais à ces aspirations mal définies, il fallait des organes, des agents d'éxécution. Les circonstances ne devaient pas tarder à les offrir.

---

(1) Philippe Daryl. The Ireland's Disease, p. 185, Londres, 1888.
(2) Major le Caron, ibid., p. 278.

Un grand nombre d'Irlandais avaient pris part à la guerre de Sécession. « Leurs contingents remplissaient les cadres de l'armée
fédérale. Les victoires de Grant, de Sherman, de Shéridan pouvaient
passer en partie pour des victoires irlandaises. Lorsque la capitula-
tion de Lee eut mis un terme à cette lutte gigantesque, les troupes
furent rapidement débandées et renvoyées dans leurs foyers. Un
grand nombre d'hommes énergiques, exercés dans le métier des armes... se trouvèrent soudainement sur le pavé. Il était naturel que
ces officiers de fortune, avec l'exemple du succès relatif des bandes
révolutionnaires de Garibaldi, songeassent à mettre leur épée au
service de la cause irlandaise... » (1).

Une dernière circonstance ne contribua pas peu, surtout au début,
à favoriser cette audacieuse tentative, ce fut l'inaction bienveillante
disons mieux la connivence tacite du gouvernement des Etats-Unis.
On sait que ce dernier a rarement négligé les occasions de marquer
son mauvais vouloir à l'égard de l'Angleterre. Ici le rôle joué par
beaucoup d'Irlandais dans la dernière guerre et vers le même temps
la question de l'Alabama devaient l'engager plus avant encore dans
cette attitude. Le Président Andrews Johnson donna l'exemple de
cette neutralité, et pendant de longues années les Irlandais purent
continuer de tenir sans être inquiétés, leurs plus violentes réunions,
et de faire leurs préparatifs les plus belliqueux (2).

Le mouvement était créé. Il fallait lui trouver un nom. Un vengeur
des condamnés de 1848, James Stephens, avait donné le nom de
Fraternité Irlandaise républicaine à une association qu'il avait
voulu établir en Irlande. Un jeune Irlandais, exilé aux Etats-Unis et
fortement pénétré de la littérature celtique ancienne, rêva de la che-
valerie à moitié mystique des *Feni*, compagnions de *Fion*, fils de
Coul, dont les exploits merveilleux remplissaient d'orgueil toute
âme irlandaise; l'expression de *République Irlandaise*, servit encore dans les réunions publiques; celle de *Fenians*, adoptée aussi-
tôt par les poètes, par tous les esprits curieux de mystère et de
légendes, devait laisser son nom au mouvement qui commençait (3).

Des conditions mêmes dans lesquelles le mouvement avait pris

---

(1) F. de Pressencé. L'Irlande et l'Angleterre depuis l'acte d'Union, p. 287.
— Justin Mac Carthy, the Irlande, since the Union.
(2) The Chicago Citizen, fébr. 6, 1886.
(3) Justin Mac-Carthy, Ireland since the Union.

naissance, résulta naturellement le caractère qu'il présenta pendant la première période. De 1865 à 1870, ce fut essentiellement une entreprise militaire; les principaux chefs étaient d'anciens officiers, toutes les tentatives projetées devaient se faire à main armée. L'expérience des échecs éprouvés ayant fait abandonner cette voie, on assiste, à partir de 1870, à une organisation secrète du parti; enfin, en 1879, commence une seconde période d'activité, qui se distingue de la première par des traits essentiels : des tentatives nombreuses sont faites pour unir l'action du parti révolutionnaire des Etats-Unis et du parti constitutionnel irlandais. En même temps on commence à appliquer le système d'intimidation; c'est l'époque de la dynamite, des meurtres de Phœnix-Park et de l'assassinat du docteur Cronin.

C'est en 1858 que Stephens et O'Mahoney, après un séjour à Paris de plusieurs années, donnaient, l'un en Irlande, l'autre en Amérique, le signal de la nouvelle levée de boucliers. La presse anglaise semblait d'ailleurs encourager indirectement ce mouvement. C'était le moment où le *Times*, en présence de l'attentat d'Orsini et des événements d'Italie, proclamait solennellement le droit pour chaque peuple, de choisir son Gouvernement et de se gouverner lui-même (1). Toutefois, les débuts furent peu encourageants. La *Phœnix Society*, fondée par Stephens, était peu de temps après dissoute par le Gouvernement anglais; d'autre part, en Amérique, la guerre de Sécession absorbait tout les esprits. Il fallait attendre la fin de cette lutte gigantesque pour penser à agir. Mais déjà les Irlandais d'Irlande pressentaient le précieux appui que pourraient un jour leur fournir ceux de leurs frères qui combattaient en ce moment dans les rangs de l'armée fédérale. En 1863, Stephens écrivait dans l'*Irish People*, journal qu'il venait de fonder pour la défense de la cause nationaliste : « L'Irlande possède aujourd'hui une force que n'a jamais eue aucune autre nation sujette. Non seulement ses enfants ont formé un nouveau peuple au delà des mers, mais encore des milliers d'entre eux qui ont fait revivre sur les champs de bataille de l'Amérique, le prestige militaire de l'Irlande, sont impatients de signaler leur valeur par de nouveaux combats livrés sur le sol national. » Deux ans plus tard le triomphe du parti fédéral permettait aux engagés irlandais de répondre aux exhortations de Stephens; nous allons voir quels en furent les résultats.

---

(1) The *Times*, 18 nov. 1859.

La première idée, la plus simpliste avait été de chasser les Anglais d'Irlande. Plusieurs agitateurs, parmi lesquels James Stephens avaient préparé le pays, un grand nombre d'officiers Irlandais récemment au service des Etats-Unis étaient accourus. Déjà le jour semblait prochain où l'Irlande redeviendrait une nation. On sait quelle fut la fin de l'entreprise. Le Gouvernement anglais facilement prévenu, prit les devants. Le 15 septembre 1865, *l'Irish People*, l'organe principal des nationalistes était saisi, et les principaux auteurs de la campagne arrêtés. C'était la première et ce devait être la dernière tentative à main armée faite en Irlande pour en assurer l'indépendance. Tout autres pouvaient être les résultats des expéditions qu'en 1866 et 1870 les Féniaus des Etats-Unis organisèrent pour l'invasion du Canada. C'est aussi en 1866 que le major Le Caron entre en scène. Comme dès la première heure, le rôle qu'il joua fut capital, nous devons expliquer en quelques mots quelle fut son existence antérieure et comment il fut amené à figurer dans le développement du Fénianisme.

Rien d'ailleurs de moins banal que la personnalité du major Le Caron. « Voici un homme d'une probité sévère et d'une bravoure incontestable qui s'affuble volontairement d'un qualificatif ignomineux. Il a été espion politique et il n'en rougit pas. Non seulement il n'en rougit pas, mais il en est fier. C'est avec une crânerie sans pareille qu'il nous conte ses hauts faits dans un métier universellement déclaré infâme ». (1) Né en 1841 à Colchester, d'une famille anglaise, Henri le Caron, de son vrai nom Thomas Beach, fut de bonne heure poussé par sa nature aventureuse à quitter le foyer paternel. Après avoir séjourné quelque temps à Bath, à Bristol et à Londres, il venait en 1857 à Paris et y restait jusqu'en 1861. La guerre de Sécession aux Etats-Unis était à peine commencée qu'il s'embarquait sur le *Greast Eastern*, prenait un engagement dans l'armée du Nord et y restait jusqu'à la fin de la guerre. En décembre 1864, à la suite de la bataille de Nashville, il était nommé premier lieutenant dans la division du général Stedman. En 1865, il était promu au grade de vice-commandant avec le rang de major.

Quelque temps avant la fin de la guerre, il avait épousé une jeune fille de Tennessée qui lui avait un jour sauvé la vie en le soustrayant à la furie d'une bande de maraudeurs : « Le plus précieux, le plus

---

(1) *Le Temps*, 18 nov. 1892.

sympathique camarade qu'homme ait jamais eu pour le soutenir
dans les combats de la vie. Ma brave compagne! Combien d'années
n'a-t-elle pas porté mon secret sous la triple serrure de son cœur
intrépide et fidèle .. Il aurait souvent fallu si peu de chose pour me
perdre! Un regard, un signe de frayeur, une allure incertaine et
j'étais mort. Mais avec elle rien de tel n'était à craindre » (1).

Pour éviter à sa famille le choc possible d'une terrible nouvelle,
il avait eu soin dès le commencement de la guerre, de prendre le
pseudonyme de Henri le Caron, « premier déguisement qui fut
l'origine de tous ceux qu'il devait prendre plus tard ». En effet ce
nom, en lui permettant de se donner comme Français, devait lui
attirer du premier coup toutes les sympathies des Fénians d'Amérique.

Ceux-ci n'avaient point été abattus par l'échec éprouvé en Irlande
en 1865. Toutefois une scission se produisit; Stephens et Mahoney,
les instigateurs du mouvement furent blâmés, et à la convention suivante, qui fut tenue à Cincinnati au mois de septembre de la
même année, la majorité se prononça pour l'invasion du Canada.
Un vétéran de la guerre de Sécession, le colonel W. Roberts fut
choisi comme chef de l'expédition. Une question impérieuse se
posait : la nécessité de trouver des fonds. On la résolut d'une façon
assez curieuse. Des billets de vingt dollars furent émis, au nom de la
« République d'Irlande ». On les délivrait contre argent comptant à
nombre de bonnes âmes qui, convaincues que leur pays allait redeve-
nir libre, espéraient fermement recouvrer un jour avec usure leur
placement. « De ce nombre étaient beaucoup d'Irlandaises, établies
comme filles de service dans diverses villes des États-Unis, et le
bruit se répandit que c'étaient les bonnes de New-York qui faisaient
les frais de la campagne » (2).

Cependant le major Le Caron avait été mis au courant de l'entreprise par un de ses anciens compagnons d'armes, le général
O'Neill, d'origine irlandaise et fénian enthousiaste. En bon sujet
britannique, il en éprouva une vive indignation, qu'il ne cacha pas
dans les lettres qu'il écrivit vers ce moment à son père. Ces lettres,
par l'intermédiaire de M. John Rebow, député de Colchester, furent
communiquées au gouvernement anglais. Des mesures défensives

____

(1) Major Le Caron, Ibid., p. 20.
(2) Major Le Caron, Ibid. p. 28.

furent prises à la hâte, et le 1er juin 1866, sept ou huit cents patriotes, « pleins de wisky et assoiffés de gloire », après avoir traversé le
Niagara, avaient à peine eu le temps de planter le drapeau irlandais
sur le fort Erié, qu'un bataillon de volontaires de Toronto, soudainement apparu, les refoulait à Ridgeway et les contraignait de re-
gagner précipitamment le territoire des États-Unis.

On jugera des conséquences que pouvait avoir l'entreprise quand
on saura, que le 7 juin, plus de 30,000 Irlandais, attirés par la nouvelle de la prise du fort Erié, étaient rassemblés autour de Buffalo (1).

L'invasion du Canada avait donc échoué, grâce aux renseignements fournis par le major Le Caron. L'année suivante celui-ci venait à Londres, et prenait avec le gouvernement de Sa Majesté Britannique l'engagement de s'affilier aux Féniaus et de communiquer
à Londres tous les renseignements qu'il pourrait recueillir sur leurs
projets. L'occasion ne tarda pas à s'en présenter.

A peine était-il de retour aux Etats-Unis, qu'ayant fait part au
général O'Neill de son désir d'entrer dans l'association, il apprenait
de celui-ci que les Féniaus étaient fermement décidés à poursuivre
leur marche en avant. Les armes, un moment saisies par le gouvernement des Etats-Unis au moment de l'invasion du Canada, leur
avaient été rendues à la condition, trop évidemment illusoire, qu'ils
ne s'en serviraient plus dans un but semblable ; d'autre part, leurs
ressources financières avaient été peu entamées par la dernière expédition. Rien donc ne les empêchait de recommencer à bref délai
leur tentative. Ils mirent à profit le temps qui les en séparait pour
compléter leur organisation intérieure et achever leurs préparatifs
militaires.

Malgré les essais de division tentés par quelques anciens partisans
de Stéphens et de Mahony, l'association, alors officiellement désignée
sous le nom de *Fenian Brotherhood*, présentait à ce moment une
certaine unité de vues et d'action. La pensée militaire, qui avait pré
sidé à sa fondation, s'était fait également sentir dans son organisation. Les membres étaient divisés en un certain nombre de « cercles »
ou « camps », dont chacun se trouvait sous la direction d'un « commandant », ou centre. A la fin de chaque année, se tenait dans une ville
fixée d'avance une convention, composée des délégués envoyés par les
camps. C'est ainsi qu'en 1865, la réunion eut lieu à Cincinnati, en

---

(1) Major Le Caron. *Ibid.*, p. 33-35.

1867 à Cleveland, en 1868 à Philadelphie, en 1869 à New-York. La convention de Philadelphie en 1868, compta plus de quatre cent membres régulièrement accrédités. C'est dans ces conventions qu'étaient discutés les intérêts généraux de la cause. Au-dessus, un Sénat, composé d'un nombre de membres arbitraire, mais toujours assez restreint, s'occupait des affaires courantes ou résolvait d'urgence les questions importantes qui ne pouvaient être différées jusqu'à la convention. A la tête, un président, armé des pouvoirs les plus étendus, tenant son quartier général à New-York, 10, West Fourth Street.

Le colonel Roberts, le premier président de la Fenian Brotherhood ayant donné sa démission à la fin de l'année 1867, le général O'Neill fut désigné pour le remplacer. Il resta président jusqu'en 1870, et pendant tout ce temps devait jouer un rôle considérable dans le Fénianisme.

Né en 1834 à Drumgallon dans le comté de Monaghan en Irlande, O'Neill avait émigré tout jeune aux Etat-Unis avec sa famille et s'était fixé à Elisabeth. Engagé comme simple soldat en 1857, il avait guerroyé pendant plusieurs années dans le Far-West contre les Indiens, puis lors de la guerre de Sécession, avait servi dans l'armée fédérale. A la fin de la guerre, après avoir donné sa démission, il s'était jeté corps et âme dans le Fénianisme. En 1866, il commandait le contingent de Tennessce au moment de l'invasion du Canada, et sa compétence militaire lui avait fait donner la direction des opérations. A la convention de Cleveland, en septembre 1867, il était élu sénateur de la Fenian Brotherhood, et le 31 décembre de la même année, il était nommé président.

« La nature l'avait traité avec complaisance ; six pieds de haut, une voix pleine et sonore, une allure martiale, un beau visage, du plus noble type celtique... Mais c'était au moral l'âme la plus égoïste qu'il m'a été donné de rencontrer dans tout le cours de mon existence, à ses yeux la cause irlandaise vivait, agissait, avait sa fin en John O'Neill... (1). »

O'Neill, président de la Fenian Brotherhood, c'était encore une fois le triomphe de l'élément militaire et à bref délai une nouvelle invasion du Canada. Son plan était des plus simples. Il désirait s'emparer du Canada non pour en faire le siège d'un empire irlandais, mais simplement pour s'en servir comme d'une base d'opérations contre

______

(1) Le Caron, *Ibid.*, p. 40.

'Angleterre, et de là lancer des corsaires sur les navires anglais. Par la possession d'un vaste territoire, il espérait se faire reconnaître par les Etats-Unis les droits de belligérant et dans ce cas il avait déjà la promesse de beaucoup d'hommes éminents qui avaient joué un rôle considérable dans la dernière guerre, de s'enrôler sous la bannière irlandaise pour courir sus aux Anglais.

Tout fut donc préparé pour une nouvelle expédition, des munitions et des armes furent rassemblées sur divers points de la frontière. Le major Le Caron, en qui le président avait la plus entière confiance, fut chargé, en qualité d'organisateur militaire, puis d'inspecteur général de l'armée républicaine irlandaise de surveiller les préparatifs. En même temps, on s'attacha à empêcher l'intervention du gouvernement de Washington. Dans ce but, O'Neill se rendit, toujours en la compagnie de Le Caron, à la Maison-Blanche, et eut une entrevue avec le président Johnson, avec lequel il était d'ailleurs en relations personnelles, depuis 1862, quand celui-ci était gouverneur de Tennessee. S'il faut en croire le témoignage du compagnon de O'Neill, les paroles suivantes par lesquelles Johnson aurait expliqué son attitude en 1866, jettent un jour tout nouveau sur ce côté de la question : « Général, vos compatriotes me condamnent à tort pour le rôle que j'ai joué dans cette occasion. Je veux que vous sachiez que toutes mes sympathies sont avec vous et que je suis disposé à vous aider autant qu'il sera en mon pouvoir. Vous devez vous rappeler que je vous ai donné cinq jours avant de lancer aucune proclamation contre vous. Je ne pouvais attendre plus longtemps avant de faire appliquer les lois de la neutralité, autrement j'aurais été attaqué de tous côtés » (1). Mais quand la nouvelle invasion eut lieu, le général Grant avait remplacé Andrew Johnson à la présidence des Etats-Unis, et les espérances des Irlandais se trouvèrent déçues de ce côté, comme elles devaient l'être de beaucoup d'autres.

Tous ces préparatifs avaient occupé les années 1868 et 1869. Ce n'est que le 28 avril 1870 que les ordres furent donnés pour la concentration des troupes. Il n'est pas peut-être pas sans intérêt de reproduire ici quelques passages de la circulaire qui fut adressée à cette occasion aux officiers de la Fenian Brotherhood :

« Quartier général, département de la guerre. Deckertown, Sussex County, 28 avril 1870.

---

(1) Le Caron, *Idid.*, p. 59.

« Les officiers commandant de régiments, compagnies et détachements doivent tenir les hommes sous leurs ordres prêts à partir au premier avis qui leur sera donné.

« … Les officiers et les hommes doivent éviter l'usage d'uniformes et de tout insigne qui pourraient les faire reconnaître.

« Les officiers ne doivent pas être distingués par des titres militaires, et les officiers et les hommes ne doivent pas parler *en route* de la cause des Fénians.

« Ne prenez aucun homme paresseux ou ivrogne de profession.

« Ne prenez aucun homme qui n'ait déjà été soldat ou ne présente des garanties suffisantes de sa bonne conduite en route et en présence de l'ennemi…

« M. Kerwin, brigadier général et secrétaire de la guerre ; approuvé : John O'Neill, président de la *Fenian Brotherhood*.

« H. Le Caron, colonel et adjudant général (1). »

Le 25 avril était le jour fixé pour l'invasion. L'attaque devait partir de trois points : Buffalo, Malone et Franklin. Le général O'Neill en personne s'était porté à Franklin. Ce qui s'était déjà passé en 1866 se renouvela alors. Les troupes attendues n'arrivèrent point à temps ; d'autre part, le gouvernement canadien prévenu par Le Caron de tous les détails du projet d'invasion, avait pris toutes les dispositions nécessaires pour la repousser. Tout se borna à quelques escarmouches en avant de Franklin. Les Canadiens retranchées derrière des bois, repoussèrent vivement les envahisseurs. D'autre part le général Foster, agissant d'après des ordres venus de Washington, arrêtait O'Neill, pour avoir violé les lois de la neutralité. Quelques jours après, ce dernier était condamné à six moix de prison. « Il finit misérablement, avili par la boisson, laissant dans la pauvreté et le cœur brisé, sa malheureuse femme, une ci-devant sœur de charité qui l'avait soigné dans un hôpital et qui avait abjuré ses vœux pour le suivre (2). »

Cette fois encore les projets des Féniens échouaient. De plus l'effet moral était déplorable. Avec O'Neill le parti militaire tombait pour ne plus se relever. D'autres hommes vont venir, formés sous l'empire de circontances toutes différentes et inaugurer des procédés nouveaux. Nous allons les voir à l'œuvre.

____

(1) Le Caron. *Ibid.*, p. 79-80.
(2) Le Caron, *Ibid.* p. 99.

En Irlande, la *Fraternité Irlandaise républicaine* qui avait été fondée vers le même temps que la *Fenian Brotherhood* des Etats-Unis, et qui devait se perpétuer jusqu'à nos jours, surveillée de près par la police anglaise, n'avait jamais eu qu'une faible liberté d'action et son rôle avait toujours été effacé. Mais il ne manquait pas de patriotes isolés, prêts à tout risquer pour la sainte cause. L'assassinat de Manchester en 1867, dans le but de délivrer les condamnés de 1865, l'explosion de Clerkenwell, la même année, pour déliver le général Burte, en sont des preuves éclatantes. Plusieurs d'entre eux, arrêtés dans ces occasions, ou pour avoir exprimé trop haut des opinions trop violentes, avaient à diverses reprises réussi à s'échapper et s'étaient réfugiés aux Etats-Unis. Ce sont eux désormais qui vont prendre en grande partie la direction du mouvement Fénian. Ayant vu de plus près l'Angleterre, ils se rendent mieux compte de l'insuccès inévitable de toute attaque à main armée. La nouvelle organisation va donc présenter deux caractères qu'on peut considérer comme absolument nouveaux : l'observation du secret le plus rigoureux, l'emploi des moyens d'intimidation.

La *Fénian Brotherhood* avait pour ainsi dire entièrement disparu après l'échec de 1870. Un cercle de New-York, qui s'en était séparé depuis quelque temps, le « Brian Boru », une autre société connue sous le nom de « Chevaliers du cercle secret »; furent les noyaux de la grande association qui, sous le nom de *Clan-na-gael*, devait exercer une si profonde influence sur les destinées de l'Irlande.

Bien que la nouvelle société fut déjà en germe dès 1870, ce n'est qu'en 1873 qu'on la trouve pleinement constituée. « Son objet, est-il dit, dans l'acte de constitution, est d'aider le peuple irlandais à acquérir une indépendance complète et absolue, par la ruine de la domination anglaise.... d'établir une république indépendante sur le sol irlandais, choisie par le libre vote de tous le peuple irlandais sans distinction de croyance ni de classe. Elle doit préparer incessamment une insurrection armée en Irlande » (1).

L'organisation, tout en se rapprochant par certains traits de celle de la Fenian Brotherhood, fut considérablement modifiée dans le sens d'une action secrète et révolutionnaire. Le système des camps fut conservé, chacun se trouvant désigné par un numéro. De même les membres de chaque camp étaient distingués par des numéros d'or-

---

(1) Le Caron, *ibid.*, p. 110.

dre, de telle sorte que jamais leurs noms ne pussent être dévoilés. A
la tête de chaque camp, se trouvaient deux gardiens le *senior* et le
junior Gardian, chargés de présider les réunions et de la garde des
documents qu'il importait de conserver. Les conventions continuè-
rent d'être tenues annuellement comme par le passé. En haut, un
corps exécutif, le F. C., sous un président élu à la convention an-
nuelle ; à côté, un directoire révolutionnaire, le R. D. composé de
sept membres, dont trois élus par le corps exécutif, trois par la Fraternité républicaine irlandaise d'Irlande, et le septième par les six
premiers. C'est ce dernier, armé de tous pouvoirs, sans contrôle et
tribunal sans appel, qui devait être l'âme de l'association.

En même temps, des règles minutieuses et mystérieuses très ana-
logues aux rites des affiliations maçonniques, étaient établies, pour
l'entrée dans l'ordre. Le candidat après avoir subi l'épreuve du vote,
était introduit devant l'assemblée, et le vice-président s'adressait à
lui en ces termes :

« Mon ami, poussé par l'affection, le devoir et le patriotisme, vous
avez demandé à vous affilier à nous. Nous vous avons jugé digne
de notre confiance et de notre amitié. Vous êtes maintenant dans ces
murs secrets. Les hommes, qui vous entourent ont tous contracté
les engagements de notre ordre. Nous sommes des *Jstinfo* (Irlandais), unis dans le dessein d'affranchir *Jsfmbœ* (l'Irlande) et d'élever
la situation de la race *Jsjti* (irlandaise),... Après ces explications,
êtes-vous disposé à vous avancer. »

La réponse ayant été affirmative, une nouvelle allocution est
adressée par le président au candidat, qui ayant de nouveau répondu
affirmativement, prête le serment dans les termes suivants :

« Je.... fais le serment sincère et solennel, en la présence de Dieu
tout-puissant, que je travaillerai le reste de ma vie à établir et à
défendre une forme républicaine de gouvernement en *Jsfmbœ* (Irlande); que je ne révelerai jamais les secrets de cette organisation
aux personnes qui n'ont pas qualité pour les connaître, que j'o-
béirai à la Constitution et aux lois du V. C. (*Clan-na-gael*) que j'en-
tretiendrai un esprit d'unité, et d'affection fraternelle dans le peuple
de *Jsfmbœ* (Irlande) » (1).

Le Caron, tenu pendant un certain temps en défiance à cause de
la part qu'il avait prise au mouvement de 1870, ne put qu'assez

______

(1) Le Caron, *ibid.*, p. 112, 114.

tard entrer dans la nouvelle association. Il profita de ce temps pour terminer ses études de médecine qu'il avait antérieurement commencées, et se fixa en qualité de médecin à Braidwood, près de Willmington. A peine affilié au Clan-na-gael, il fondait un camp à Braidwood, s'en faisait nommer senior gardian, et recevait ainsi communication de tous les documents officiels émanant du corps exécutif. Le Clan-na-gael était d'ailleurs en pleine voie de prospérité. En 1876. il ne comptait pas moins de 11,000 membres. C'était le moment d'entrer en action, mais avant, disons quelques mots des nouveaux acteurs. Deux surtout vont jouer de bonne heure et pour longtemps un rôle de première importance : O'Donovan Rossa, et John Devoy.

Jeremiah O'Donovan, qui devait plus tard ajouter « Rossa » à son nom, était alors un des hommes les plus populaires du parti irlandais. condamné à la prison pour la part quil avait prise en Angleterre au mouvement insurectionnel de 1865, il passait pour avoir subi d'indignes traitements. Bien que son nom se trouvât plus tard mêlé aux plus terribles complots, il ne portait dans son extérieur aucun signe de férocité : « Jovial, bavard, ami de la bouteille, il se répandait constamment en diatribes contre le gouvernement anglais ; mais toute sa colère semblait devoir s'évaporer en paroles plutôt que d'aboutir à des explosions de dynamite » (1).

Tout autre était l'impression produite par Devoy : « D'aspect farouche, avec un front toujours sourcilleux, il donnait d'abord l'idée d'un homme querelleur, impression que sa voix et ses manières accentuaient encore et qu'achevait de confirmer sa fréquentation. Ambitieux, mécontent, sans scrupules, il avait peu d'amis ; n'eut été son incontestable supériorité, on se fut fort bien passé de lui (2).

Jusqu'à l'année 1878, qui marqua le début d'une révolution dans la politique du Clan-na-gael, deux buts furent poursuivis, d'ailleurs étroitement unis : trouver de l'argent, nouer des relations avec les puissances extérieures dans le but d'une opération commune ultérieure.

C'est O'Donovan Rossa, qui dans l'*Irish World*, le journal du célèbre patriote Patrick Ford, le futur apologiste de la dynamite, lança l'idée de constituer un fonds d'escarmouches, le *Skirmishing Fund*.

(1) Le Caron, *ibid.*, p. 102.
(2) Le Caron, *ibid.*, p. 130.

Forte de la popularité de Donovan, et de là diffusion du journal de Ford, l'idée fit rapidement son chemin. Au commencement de 1877, en moins d'une année, 23,350 dollars avaient été réunis. Quant à l'emploi à donner à cette somme, il ne peut rester aucun doute à cet égard, après la déclaration si catégorique que le même journal publia, quelques semaines plus tard, signée des noms des principaux leaders du Clan-na-Gael, parmi lesquels Donovan Rossa, Devoy, Caroll.

« Depuis que ce projet du *Skirmishing Fund* a été émis pour la première fois, les circonstances ont grandement changé. La vieille Europe est menacée d'une convulsion générale. La Russie et la Turquie sont également résolues à engager une lutte inévitable. L'Angleterre ne peut rester à l'écart, sans s'avouer une puissance de troisième ordre. L'heure des difficultés est venue pour l'Angleterre, en d'autres termes le moment opportun pour l'Irlande. L'Irlande est-elle préparée à profiter de ce moment ? Tout vrai Irlandais a de nouveau foi dans la croyance de nos valeureux pères que le seul moyen d'affranchissement pour l'Irlande est la séparation d'avec l'Angleterre, et que cette séparation totale ne peut être faite qu'au prix de sacrifices désespérés et d'entreprises audacieuses » (1).

Parmi ces entreprises hardies, celle sur laquelle on fondait alors le plus d'espoir, fut une alliance avec la Russie. D'innombrables discussions se sont produites sur cette question, particulièrement en ce qui concerne les négociateurs employés. Le Caron fait intervenir dans cette affaire le sénateur Jones, de Floride, et le docteur Caroll. Depuis, un certain Nathaniel Harris en a revendiqué la paternité (2). Ce qui semble du moins acquis, c'est que des démarches ont été faites auprès du représentant de la Russie à Washington, et que ces démarches eurent assez de succès pour amener l'envoi, à Saint-Pétersbourg, du docteur Caroll. On avait fait entendre au gouvernement russe que dans le cas d'une guerre avec l'Angleterre, guerre qui semblait alors presque inévitable, plusieurs millionnaires irlandais seraient disposés à armer des corsaires, notamment à San-Francisco. Ce qui n'est pas moins significatif, c'est que les relations entre l'Angleterre et la Russie étant devenues moins tendues, l'ambassadeur russe à Washington, à la demande du Foreign Office, fut immédiatement rappelé.

---

(1) *The Irisch World*, Apr., 21, 1877.
(2) *The New Review*, déc. 1892, p. 687.

En 1878, l'arrivée aux Etats-Unis de Michael Davitt, récemment sorti de la prison de Portland, et l'inauguration du système de Devoy, si célèbre depuis sous le nom de *New Departure,* viennent déterminer dans l'histoire de l'agitation irlandaise, une orientation nouvelle, d'importance capitale et sous le régime de laquelle le Fénianisme vit encore.

Nous avons vu que jusqu'ici les résultats obtenus par les Fénians, en dépit des efforts dépensés, avaient été pour ainsi dire insignifiants, guère plus importants avaient été ceux dûs pendant le même temps, à l'action des députés irlandais à la Chambre des communes, et l'initiative de M. Gladstone beaucoup plus que leur propre action, avait abouti à placer devant l'opinion la question irlandaise. La vérité c'est que « la grande faiblesse de la cause nationale jusque-là avait été le dualisme ou plutôt l'antagonisme latent entre les représentants constitutionnels et les champions révolutionnaires de l'Irande. » (1)

Il faut toutefois reconnaître que la politique d'union et d'action commune qui allait désormais prévaloir, avait déjà rencontré auparavant des partisans et des sympathies dans les deux partis : « On raconte qu'en 1867, au plus fort du mouvement fenian, le journal le *Peuple Irlandais,* l'organe de la fraction la plus avancée du parti révolutionnaire, reçut la visite d'un collaborateur soigneusement voilé ; c'était miss Fanny Parnell (2). » L'année suivante, Stuart Mill annonçait le rapprochement qui devait se produire fatalement quelque jour (3). Quelques mois plus tard, les projets de M. Gladstone qui commençaient à être connus, apparaissaient comme loin de satisfaire les aspirations de l'île-sœur. « L'archidiacre d'Ossory, parlant dans un meeting, présidé par son évêque, recommandait à ses auditeurs d'avoir foi en Dieu et de tenir leur poudre au sec. Sur une demande d'explications, ce belliqueux ecclésiastique dut se rétracter et déclarer qu'il n'avait point voulu parler d'armes charnelles. On ne sut jamais bien au juste ce qu'il voulait dire par sa poudre spirituelle (4). » La faiblesse de Butt, le leader du parti irlandais à la

---

(1) F. de Pressensé. L'Irlande et l'Angleterre depuis l'acte d'union jusqu'à nos jours, p. 346.

(2) *Ibid.,* p. 335.

(3) J. Stuart Mill. England and Ireland.

(4) *Ibid.,* p. 307.

Chambre des communes, eut pour résultat, pendant les années qui suivirent, d'accentuer encore ces dispositions.

Or, par un hasard étrange, il arriva qu'au moment même où en Amérique John Devoy lançait son manifeste en faveur de la « New Departure », Charles-Stewart Parnell, à la suite de débuts quelque peu pénibles, prenait la direction incontestée du parti constitutionnel irlandais. « M. Parnell comprit que la condition *sine qua non* de l'action parlementaire, c'était une alliance étroite avec la faction révolutionnaire. Il s'agissait de faire entrevoir à l'arrière-plan l'*ultima ratio* des peuples opprimés » (1).

Il est peu de questions dans l'histoire contemporaine qui aient soulevé plus de tempêtes, déchaîné plus de passions, et reçu des solutions plus diverses que la question de la complicité du parti dirigé par M. Parnell avec les associations révolutionnaires irlandaises d'Amérique et d'Irlande. Tout le monde sait comment la réponse affirmative donnée à cette question fut l'origine de la célèbre campagne menée par le *Times* en 1888 dans une série d'articles publiés sous le titre de *Parnellism and Crime*, et comment le procès non moins célèbre qui s'ensuivit, après une enquête qui, commencée en octobre 1888, ne prit fin qu'en novembre 1889, après avoir occupé 128 séances, aboutit à la découverte de la fabrication des lettres provenant de Pigott, et comment cette circonstance jeta dans l'esprit des juges et surtout auprès de l'opinion, un profond discrédit sur les accusations portées par le *Times*, quoique plusieurs d'entre elles eussent été reconnues fondées. Une multitude innombrable de documents et de témoignages furent produits en cette occasion. D'autre part, le major Le Caron, dont les dépositions devant la commission d'enquête avaient fait la force du *Times* comme Pigott en avait causé l'irrémédiable faiblesse, a reproduit dans son livre avec plus de détails et de preuves, le témoignage qu'il avait alors fourni. Les démentis mêmes que ses assertions ont soulevé sur plusieurs points de la part des intéressés, ont mis plusieurs faits en plus grande lumière. Il est donc possible aujourd'hui de dégager assez nettement les principaux points de cette ténébreuse histoire. L'examen rapide des faits de ces dernières années tendra à prouver, croyons-nous, que la complicité dénoncée n'était pas sans fondement, sous la réserve ex-

---

(1) F. de Pressensé. L'Irlande et l'Angleterre depuis l'acte d'union jusqu'à nos jours, p. 346.

presse toutefois que M. Parnell et ses amis ne lui donnèrent jamais une publique et formelle adhésion, et qu'ils n'acceptèrent qu'à contre-cœur les résolutions violentes de leurs indispensables mais peu sympathiques alliés.

De toutes les sociétés révolutionnaires irlandaises, le Clan-na-Gael par son ancienneté, la puissance de son organisation et de ses moyens d'action, était celle qui devait avoir le plus d'influence. C'est aussi sous son inspiration que Devoy avait proposé la *New Departure*; c'est encore en son nom qu'en octobre 1878 il énonçait par câble à M. Parnell les conditions auxquelles il appuierait sa politique. L'année suivante il venait en Irlande étudier le parti qu'on pourrait tirer des débris de l'ancienne Fraternité irlandaise républicaine, alors divisée et sans force. C'est en 1880 et 1881 que devaient se produire les faits décisifs. Deux circonstances allaient les provoquer : la famine de 1879 en Irlande, la création d'une ligue agraire, la célèbre *Land League*.

C'est vers leurs compatriotes d'Amérique que les Irlandeis d'Irlande avaient coutume de tourner les regards dans les jours de détresse. Cette fois, pour donner plus de solennité à la démarche, ce fut Parnell lui-même qui se chargea de cette mission. Son séjour aux Etats-Unis dans les premiers jours de 1880 fut pour lui l'occasion d'un triomphe continu. « Il se donna corps et âme aux chefs du Clan-na-Gael. Partout, en toutes circonstances, des membres bien connus et sûrs des conseils secrets du Clan étaient à ses côtés, le mettaient en évidence, lui ménageaient de chaleureuses réceptions... Constamment animés par le reflet des baïonnettes et le cliquetis des armes, ses discours ne respiraient que la guerre... » (1) Le 23 février 1880, parlant à Cincinnati, il disait : « Aucun de nous, soit en Irlande ou en Amérique, ou ailleurs ne sera satisfait avant que ne soit rompu le dernier lien qui enchaîne l'Irlande à l'Angleterre » (2).

Rappelé en Irlande au printemps de 1880 par les élections, il ne partit pas sans avoir jeté les fondements d'une ligue agraire sur le modèle de celle d'Irlande. C'est par le moyen de cette ligue, sur laquelle il mit la main dès le début, que le Clan-na-Gael continua d'agir avec le parti constitutionnel. Deux traces nous en sont conservées : le voyage du major Le Caron en Europe, en 1881, les conven-

---

(1) Le Caron. *Ibid.*, p. 150.
(2) The case for the Irish loyalists, by W. Russell M. P., p. 5.

tions de la Land-League dans cette année et les années suivantes.

John Devoy, prévenu que le major Le Caron projetait un voyage en Europe, ayant pris avec lui un rendez-vous au siège du Clan-na-Gael, Palmer-House, Chicago, au mois de mars 1881, lui remit une lettre d'introduction et deux paquets de documents pour Patrick Egan et O'Leary, tous deux alors à Paris, le premier trésorier de la *Land-League* d'Irlande, le second représentant officiel de l'*Irish Républicam Brotherhood* d'Irlande.

A Paris, Le Caron rencontra Egan à l'hôtel Brighton, « les yeux rieurs, le visage épanoui, la poignée de main facile, la barbe et les cheveux soignés, tout l'opposé du conspirateur typique... Il ignorait totalement la langue et la géographie du pays. Je lui servais de guide et nous menions joyeuse vie, dînant aux bons endroits, fréquentant les meilleurs cafés, choisissant les premières places à tous les théâtres; bref, dépensant royalement notre argent. Avis aux pauvres dupes d'Amérique et d'Irlande qui fournissaient à nos amusements (1). »

Tout autre était John O'Leary. « Je le découvris à l'hôtel de la Couronne, dans le quartier Latin. Je trouvais le vieillard entouré de livres et de manuscrits, causant avec bonheur de ses rares et précieuses éditions, en un mot tout l'opposé de nos amis du Clan (2). » D'abord un peu soupçonneux, il ne tarda pas à s'épancher, déclara que les assassinats lui répugnaient, mais se montra partisan d'une action insurrectionnelle ouverte. « Quant à Egan, je le trouvais un avocat enthousiaste de la politique « active » préconisée par Devoy et discutant chaudement avec moi les moyens de la réaliser (3) ». Il lui exposa en plus comment les ressources de la Land-League n'avaient pas été exclusivement consacrées à des besoins constitutionnels, comment une partie par exemple avait été dépensée pour soutenir les Boërs alors en guerre avec l'Angleterre. Enfin, pour ce qui concernait Parnell, il l'assura que c'était un révolutionnaire sincère et qu'un an à peine auparavant, il avait demandé à être admis parmi les membres de l'Irish Revolutionary Brotherhood, mais qu'on n'avait pas accédé à sa demande.

D'ailleurs, Le Caron devait, peu de temps après, être plus directement renseigné sur les sentiments révolutionnaires du leader irlan-

---

(1) Le Caron, *ibid.*, p. 160.
(2) *Ibid.*, p. 169.
(3) Le Caron, *ibid.*, 167.

dais. En effet, quelques jours plus tard, il venait à Londres en compagnie d'Egan. C'est à ce moment que se place sa célèbre entrevue avec Parnell. La rencontre eut lieu à la Chambre des communes. Introduit par M. O'Kelly, Le Caron aurait été interrogé par M. Parnell sur la situation aux Etats-Unis, puis celui-ci aurait déclaré « que depuis longtemps il avait cessé de croire qu'on pût autrement que par la force des armes procurer la libération définitive de l'Irlande, qu'il ne voyait pas pourquoi, alors que nous étions complètement prêts, nous ne tenterions pas un mouvement insurrectionnel ouvert. » Comme on le voit, la déclaration était catégorique. Interrogé sur ce fait, M. Parnell ne nia pas avoir eu une entrevue avec le sieur Le Caron, mais qu'il était tout à fait improbable qu'il eût tenu un pareil langage. Pour se former une opinion, les juges se servirent de la lettre d'introduction donnée par Devoy à Le Caron pour Egan, et d'une seconde lettre que Devoy avait également adressée à Le Caron quand celui-ci, de retour en Amérique, lui avait rendu compte de sa mission. Cette dernière était surtout explicite. Parnell, au témoignage de Le Caron, avait exprimé le désir que Devoy vînt en Europe pour s'entendre avec Egan et lui, aux frais de ces derniers. Or Devoy répondait à Le Caron en ces termes : « Je n'ai autorité pour parler au nom de qui que ce soit et personne ne peut parler au nom du V. C. (Clan-na-gael) sans son consentement... Tout ce que je pourrais faire serait de dire à E. (Egan) et à P. (Parnell), sous ma propre responsabilité ce qui pourrait satisfaire nos amis d'ici..., mais je n'accepterais à aucun prix qu'ils paient mes dépenses. Cela me mettrait dans une fausse situation... Ils semblent méconnaître le mécontentement qui règne ici. Nous sommes à peu de chose près d'accord sur le point essentiel. Mais ne pouvons supporter des choses dans le genre de celles qui viennent de se passer à Buffalo » (1).

Du reste, M. Parnell n'eut-il eu personnellement aucune accointance avec les révolutionnaires irlandais, il n'aurait pu empêcher ceux-ci d'exercer leur action sur le mouvement constitutionnel. Nous avons vu que le Clan-na-Gael s'était, dès le début, introduit en maître dans l'administration de la Land League. Il en fut ainsi tant qu'elle continua d'exister sous ce nom, puis quand elle fut devenue

____

(1) Le Caron. *Ibid*., p. 185. The Parnell special commission Report, p. 101 et suiv.

la *Ligue nationale d'Amérique*. Une seule tentative fut faite en 1881 à la convention de Buffalo, pour éliminer le Clan-na-gael et remplacer son action par celle du clergé. C'est de cette tentative que se plaint Devoy dans la lettre que nous venons de citer. Toutes ces conventions de la Land League, à Buffalo et à Chicago en 1881, à Washington en 1882, à Philadelphie en 1883, à Boston en 1884, à Chicago en 1886, présentent le même caractère. Chaque fois, le clan, dès le début du Congrès, fait élire un bureau en majorité composé de ses membres ; avant chaque séance du Congrès, se tient un concile secret des personnages les plus influents du clan, dans lequel on discute l'ordre du jour et les résolutions à adopter. A Washington, en 1882, on lit, aux applaudissements de l'assemblée, une lettre d'Egan déclarant que la question agraire n'est qu'un premier pas vers une indépendance absolue (1) ; l'année suivante, à Philadelphie, on fait distribuer aux membres du Congrès une brochure intitulée : « La dynamite contre les projets civilisateurs de M. Gladstone, ou le meilleur moyen de rendre l'Irlande libre et indépendante » (2).

A côté des conventions de la Land League et des résolutions hybrides qu'il y faisait naître, le Clan-na-gael continuait de tenir annuellement ses conventions et poursuivait son œuvre propre d'action purement révolutionnaire. L'une de ces conventions mérite une mention toute particulière. C'est la célèbre convention tenue à Palmer-House, Chigaco, du 3 au 10 août 1881 et dans laquelle fut votée la campagne par la dynamite. Nous profiterons de cette occasion pour donner, d'après le tableau qu'en trace le major Le Caron, un aperçu de l'aspect intérieur de ces réunions. Nous espérons qu'en raison de l'intérêt qu'elle présente, on nous pardonnera la longueur de la citation : « Comme toute assemblée dont le grand public est écarté, une réunion du Clan-na-gael est intéressante dans la mesure où elle est entourée de mystère. Ce n'est pas toutefois qu'une convention du Clan-na-gael soit bien terrible ; tout au contraire, c'est quelque chose d'irlandais, de tout à fait irlandais, vraiment. » Après une série de formalités très compliquées, vous êtes enfin introduit dans la salle. « Quel babel de voix et quel monde de fumée. Vos oreilles sont assourdies par le bruit incessant des langues et des pieds. Nous voilà en pleine session du Parlement irlandais, suivant

(1) The annual Register. 1889, p. 505.
(2) The Queens Enemies in America, p. 5. Londres, 1886, in-8.

l'expression consacrée. Il y a là trois cent soixante délégués du V. C.
qui ont juré de rendre à l'Irlande sa liberté et qui sont maintenant
réunis en l'an de grâce 1881 pour proclamer que la dynamite est le
seul moyen de réaliser leurs patriotiques desseins. Voici, assis au
bureau, le président M. Hynes, dont la voix peut dominer le bruit
fait par cinquante patriotes criant de toutes leurs forces. Autour
sont les 360 délégués rangés en demi-cercle. Vraiment étranges
à voir, à demi-couchés sur leurs sièges, les mains sur les hanches,
les pouces dans la poche de leurs gilets, les pieds étendus sur les
sièges qui sont devant eux, fumant leurs cigares, et ne se déran-
geant de leur position que pour étendre de temps en temps la main
vers une bouteille tendrement aimée, ou pour ôter leurs vestons ou
leurs gilets.

« Mais silence. Voici, à notre gauche deux patriotes qui, appa-
remment mécontents l'un de l'autre, se préparent à en venir aux
mains. Voyez-les, avec quelle ardeur ils se dressent sur leurs pieds,
renversent les chaises qui les entourent et finissent par se rencontrer devant la table du président qui s'épuise à vouloir les apaiser.
Mais déjà les amis des deux parties interviennent et le tumulte de-
vient général. Les travaux de la commission se trouvent interrom-
pus, mais pour peu de temps. Un quart d'heure plus tard, voilà nos
deux combattants dégustant ensemble une bouteille de whisky dans
les meilleurs termes du monde...

« Mais venons à la discussion. Voici d'abord O'Meagher Condon,
le martyr de Manchester, qui s'élève avec véhémence contre l'inaction du clan et les atermoiements de Devoy. Celui-ci répond que Condon n'est qu'un lâche et aurait fait mieux de rester en Angleterre.
Nous sommes engagés encore une fois dans une querelle personnelle,
et nous devons attendre patiemment que Condon ait fini de faire,
pour la centième fois, le récit de sa glorieuse conduite à Manchester.
Les esprits sont excités, quand le révérend Georges Betts, de Saint-
Louis, se lève ; lui aussi est un chaud partisan de la dynamite, mais
pour que la sainte œuvre aboutisse, on doit imposer silence aux
rancunes particulières. Voici maintenant le jeune docteur Gallaher,
d'une physionomie douce, d'une correction irréprochable de gentle-
man. Mais son discours respire la guerre, et il ne s'arrêtera dans
la voie de l'action que le jour où il sera jeté par l'Angleterre dans
la prison de Portland où il est encore détenu en ce moment.

« Powderly, qui fut longtemps président des chevaliers du travail
lui succède. Ses déclarations ne comportent aucune ambiguïté. « Le

meurtre des voleurs anglais et des tyrans de l'Irlande, et la destruc-
tion de leurs richesses par tous les moyens, est une œuvre néces-
saire... Londres, Liverpool, Manchester et Bristol en flammes les
amèneront peut-être à d'autres résolutions. »

« Alexandre Sullivan, celui qu'on allait élire président, parla le
dernier. On ne peut s'y tromper, c'est un habile homme. Sa voix
claire et exercée à la parole, sa diction finement choisie, son argu-
mentation solide et harmonieuse, son geste gracieux et noble
prouvent qu'il y a au moins ici un homme né pour commander, et
compétent pour diriger les affaires.

« Ainsi se termine notre visite à cette convention du Clan-na-gael,
où se trouvèrent rassemblés quarante avocats, huit docteurs, deux
juges, des ecclésiastiques des deux religions dominantes, des com-
merçants, des industriels et des ouvriers, étrangement confondus et
ne s'accordant que sur un point : la lutte pour l'avarice et l'ambition
personnelle » (1).

L'emploi de la dynamite était voté. Un grand soin fut apporté dans
le choix des agents. Ils devaient être sans famille. Une enquête sévère était faite sur tout leur passé. Le docteur Cronin leur apprit le
maniement des engins. En 1884, 118,000 dollars avaient été dépensés.
On connaît la série pour ainsi dire ininterrompue d'attentats qui de
1881 à 1886 marquèrent cette campagne. Après les essais de O'Donovan Rossa, à Liverpool, contre l'Hôtel-de-Ville, en 1882, c'est en 1883,
sous la conduite du docteur Gallaher, un dépôt considérable de
nitro-glycérine à Birminghan, si considérable, au dire des experts,
qu'elle aurait suffi pour détruire de fond en comble toutes les habita-
tions de Londres. L'arrestation de Gallaher et de ses complices
n'arrêta pas l'impulsion donnée. Avec Losmaney, Daly et plusieurs
autres, ce sont des explosions, en février 1884, à Victoria-Station,
en mai et en décembre de la même année, à Scotland-Yard et à
London-Bridge, enfin en 1885, à la Chambre des communes et à la
Tour de Londres.

En 1886, M. Gladstone présentait le Home Rull bill à la Chambre
des communes. Dès lors la Ligue nationale irlandaise d'Amérique,
héritière des traditions de la Land-League, n'avait plus de raison
d'être ; d'autre part, la politique la plus élémentaire commandait de
ne pas indisposer l'opinion en un pareil moment. Ce n'est pourtant

---

(1) Le Caron: *Ibid.*, p. 194-203.

pas que le Clan-na-gael se montrât satisfait du projet présenté. A la convention de cette même année, l'un de ses membres influents John Finerty, faisait la déclaration suivante : « Je ne viens pas combattre ici la politique de M. Parnell, je parle seulement en homme libre, en fils, comme vous, de vingt générations d'Irlandais rebelles à la domination anglaise et je dis que le leader de l'Irlande ne peut pas me forcer à souscrire au bill présenté par M. Gladstone, comme à un but final. Nous avons besoin de M. Parnell pour l'obtenir, nous n'avons pas besoin de lui pour forcer la porte des donjons anglais » (1).

Mais plus encore que la tournure des événements en Angleterre, le développement des dissensions intestines au sein du Clan devaient entraver pour un temps son action au dehors. Déjà en Irlande une société peu nombreuse, mais énergique s'était fondée, la société des *Invincibles*, dont la main se reconnut dans l'attentat de Phœnix-Park, l'assassinat de Thomas Burke et de lord Cavendish. En Amérique, Sullivan, nommé président du Clan en 1881, avait modifié la constitution dans un sens dictatorial et forçait bientôt après à se retirer O'Donovan et Devóy qui fondèrent une association particulière. En 1883, encore sous l'influence de Sullivan, le corps exécutif, composé de six membres, fut modifié. Désormais trois membres, véritable triumvirat, constituèrent le *triangle*, pouvoir arbitraire, sans contrôle ni responsabilité. En 1886, la division s'étendit des chefs à la masse même du peuple. Jusque-là les Irlandais des Etats-Unis, lors des élections à la présidence, avaient toujours voté pour des candidats démocrates. Sullivan, en soutenant, pour des motifs d'ambition personnelle, la candidature de M. Blaine, jeta parmi ses compatriotes un désarroi dont les effets se font encore sentir aujourd'hui. Mais la division devait encore aller plus loin. Les procédés arbitraires de Sullivan avaient indisposé un grand nombre de membres. Le docteur Cronin l'accusa à plusieurs reprises d'avoir dilapidé pour ses propres dépenses le fonds du Clan. Plusieurs tentatives de rapprochement furent faites, la dernière en 1888, mais sans résultat durable. Le 4 mai 1889, la difficulté recevait une solution tragique. Le docteur Cronin était assassiné.

Cette même année, le major Le Caron quittait les Etats-Unis pour venir témoigner dans le grand procès du *Times*, emportant l'im-

____

(1) The Queens enemies in America, p. 67.

pression que, derrière lui, le fénianisme, après les discussions des dernières années, fortifié par les décapitations mêmes qui s'étaient opérées dans son sein, se reconstituait en silence pour reprendre l'action au moment opportun. D'autre part, en Irlande, l'espoir d'assister à un avénement prochain d'une majorité gladstonienne, autant que le scandale provoqué par les relations de M. Parnell avec Mrs O'Shea, faisaient taire pour un moment les revendications trop bruyantes ou trop agressives. Ce calme apparent en avait trompé plus d'un et l'on allait déjà proclamant que le *home-rule* ferait du même coup disparaître toute trace d'hostilité contre l'Angleterre. Il serait quelque peu oiseux de discuter les chances que le bill de M. Gladstone peut avoir de passer, et par quelles savantes combinaisons on arrivera à réunir sur un même projet, les voix des anti-Parnellistes et des Parnellistes, des libéraux et des socialistes, de Justin Mac-Carthy et de John Burns. Ce qui rentre davantage dans notre sujet, et ce qui est en même temps plus significatif, parce que soumis à des influences moins factices qu'un vote de la Chambre des communes, c'est l'attitude des Irlandais d'Amérique à l'égard des réformes proposées. Or, sur ce point, nous avons un document aussi clair qu'important. Le 1er février 1893, le comité exécutif de l'*Irish national league of America*, qui, en maintes circonstances, nous est apparu comme l'émanation et l'expression visible du Clanna-gael, lançait le manifeste suivant : « Irlandais... Nous avons soigneusement étudié le bill du *Home-rule* que M. Gladstone présenté au Parlement et nous le considérons comme un vaste verbiage (*a mass of legal verbiage*), qui n'est qu'un prétexte pour enterrer la question irlandaisé... Nous pensons que l'esprit national est immortel. Forts de cette croyance et pleins d'espoir dans l'avenir de notre pays, nous déclarons que le *Home-rule* proposé par M. Gladstone est insuffisant, et que seul le principe de notre indépendance satisfera le peuple irlandais. Nous nous trouvons aujourd'hui au départ de deux voies : celle de la résistance et celle de la conciliation. Nous avons suivi cette dernière jusqu'au moment où la patience a cessé d'être une vertu pour devenir un crime » (1).

Et le manifeste se termine par un appel à tous les Irlandais d'Amérique et l'assurance que ce siècle ne se passera pas sans que l'Irlande ait réalisé sa pleine et complète indépendance. Ainsi donc,

---

(1) The *Times*, 2 février 1893.

avant même que le projet de M. Gladstone soit devenu une loi, voilà une déclaration de guerre lancée à l'état de choses qu'il va créer. Si vous ajoutez à cela qu'à peu près tous les hommes politiques irlandais de cette génération ont, à diverses périodes de leur carrière, dans leurs actes comme dans leurs discours, donné des marques non équivoques de leur sympathie à la politique de résistance à outrance, vous aurez le sentiment que libéraux ou conservateurs, les ministères de Sa Majesté Britannique n'en auront pas fini de sitôt avec la question irlandaise.

Mais a côté de ce danger, dont les symptômes éclatent partout et que bien peu sauraient méconnaître, il en est un autre qui, moins frappant, n'en est peut être que plus grave. A côté de l'Irlande nationaliste, en train de devenir « une de ces victimes d'anciennes injustices qui se plaignent encore par habitude et sur lesquelles on s'apitoie par routine longtemps après que leur misère a cessé (1) », il y a ce qu'on pourrait appeler l'Irlande loyaliste. Convaincue d'avance de l'inanité des moyens violents, on dirait qu'elle a résolu d'atteindre par des voies pacifiques ce que l'autre poursuivait par la terreur. Depuis de longues années déjà, par ses journalistes, par ses orateurs populaires, par ses ouvriers, elle a progressivement et comme inconsciemment pénétré, désagrégé les milieux les plus anglais. C'est la puissance politique de l'Angleterre que la première s'est efforcée d'atteindre; ce que la seconde bat en brèche, ce sont les institutions anglaises, l'esprit anglais. Bien que son œuvre soit plus lente, plus mystérieuse, il est cependant possible d'en apercevoir dès aujourd'hui quelques intéressants effets. C'est ce que nous voudrions essayer dans un second chapitre de l'Irlande qu'on ne voit pas : les Irlandais en Angleterre.

J. LEMOINE.

---

(1) Filon, Profils anglais. Parnell, p. 291, 1893.

1re Année.   N° 2.   Mars-Avril 1893

REVUE INTERNATIONALE

DE

SOCIOLOGIE

PUBLIÉE AVEC LA COLLABORATION ET LE CONCOURS DE :

PAR

RENÉ WORMS

AGRÉGÉ DE PHILOSOPHIE, DOCTEUR EN DROIT

Abonnement annuel : France, 10 fr. — Étranger, 12 fr.

PARIS

A. GIARD & E. BRIÈRE, ÉDITEURS

16, RUE SOUFFLOT, 16

1893

SOMMAIRE DU N° 2.

LES PROCHAINS NUMÉROS CONTIENDRONT :

La *Revue* paraît tous les deux mois par fascicule de 80 pages gr. in 8°. Les abonnements partent du 1er Janvier de chaque année.

Les communications relatives à la rédaction doivent être adressées à M. René Worms, docteur en droit, au bureau de la *Revue*, 16, rue Soufflot, Paris ; et les communications relatives à l'administration à MM. A. Giard et E. Brière, éditeurs, même adresse.

Tout ouvrage relatif à la Science sociale dont il est adressé deux exemplaires au bureau de la Revue, est signalé et analysé.